Género Ficción Realista

Pregunta esencial

¿Qué aprendemos de las culturas a través de las tradiciones?

Dragones en el agua

Paul Mason
ilustrado por Sean O'Neill

Capítulo 1

En casa de Chang

Los niños llegaron corriendo una carrera por el sendero de entrada a la casa de Chang con sus mochilas colgando de la espalda. Las ruedas de las patinetas emitían el único sonido en la calle tranquila.

—Llevé la delantera todo el camino —dijo Joe mientras levantaba la patineta.

—Sí, claro —respondió Chang con una carcajada—. Mamá todavía trata de alcanzarme.

Los niños dejaron sus cosas en el pasillo. Chang fue a saludar a su perro, Pepper, que dormía en su morada.

A Joe le gustaba ir a la casa de Chang porque era muy diferente de la suya. Siempre era muy divertido.

Joe entró a la sala donde estaba el abuelo de Chang sentado en el sofá con un álbum de fotos abierto en su regazo.

—Hola, Joe, ¿cómo estás? —preguntó el abuelo.

—Bien, señor Liu —respondió Joe—. ¿Qué está mirando?

Joe señaló una foto descolorida de la cabeza de un dragón con el hocico parecido al de un guanaco.

—Ah, son las fotos de botes dragón de cuando yo era joven —sonrió el anciano—. Me recuerdan cuando solía correr. Siéntate y echa un vistazo.

—Encestemos algunas canastas, Joe —dijo Chang asomando la cabeza por la puerta.

—Quiero echar un vistazo a esto primero —contestó Joe sacudiendo la cabeza.

—¿Otra vez esas viejas fotos? —dijo Chang, apenas ocultando su desilusión—. Estaré en el patio, Joe.

Capítulo 2

Dragones y botes

El abuelo de Chang hojeó el álbum de fotos.

—Cuando estaba en Hong Kong, participé en muchas carreras de botes dragón. También ganamos algunas —dijo el abuelo con orgullo, señalando una de las fotos—. Mira todos los botes alineados en el agua listos para salir. ¡A veces había treinta botes en la carrera!

Joe miraba los botes y sus tripulaciones, todos sentados con los remos hacia adelante. Estaban preparados y listos para salir.

—Parecen canoas largas —dijo Joe.

—Son como canoas —dijo el abuelo de Chang riendo—, pero tienen una cabeza de dragón adelante y una cola atrás y los remos serían las garras del dragón.

Pasó unas páginas más. Algunos de los dragones parecían extremadamente feroces. Joe estaba fascinado.

—Dado que los dragones son un símbolo de fortaleza, son muy importantes en la cultura china —dijo el abuelo de Chang—. En la antigua china, las carreras de botes dragón se llevaban a cabo para ahuyentar la mala suerte y traer mucha lluvia para los cultivos de los agricultores. —De repente, el abuelo palmeó las manos—. Pero ya hablé suficiente. Se me acaba de ocurrir una idea. Te llevaré a ti y a Chang a ver carreras de botes dragón para que puedan verlos por ustedes mismos. Hay un festival de botes dragón el próximo fin de semana.

—¿En serio? —dijo Joe, con una gran sonrisa—. Eso sería genial. ¡Iré a decirle a Chang!

—Quizá debas esforzarte para convencerlo —añadió el abuelo sonriendo.

Detective del lenguaje

¿Cuál es el sujeto de la oración subayada? ¿Cómo lo sabes?

El señor Liu tenía razón. Era necesario convencer a Chang de ir a las carreras de botes dragón.

—He oído las historias de mi abuelo acerca de las carreras de botes dragón un millón de veces —dijo—. Es muy aburrido. Ya es suficiente.

—Ah, vamos —dijo Joe—. Con todos esos botes en el río será muy emocionante.

—Bueno, iré si realmente quieres, siempre que juegues al básquetbol conmigo —dijo encogiéndose de hombros.

—Solo mírame —dijo Joe mientras le quitaba la pelota a Chang y encestaba una canasta.

Capítulo 3

Listos para la carrera

El fin de semana siguiente, el abuelo de Chang llevó a los niños al Festival de Botes Dragón en el parque junto al río. Había tanta gente y puestos que parecía que había surgido una ciudad en minuatura para celebrar las carreras de botes dragón. El delicioso aroma de la comida que se cocinaba flotaba en el aire y la música se escuchaba a través de un sistema de sonido. La gente paseaba comiendo pasteles de arroz envueltos en hojas. Los guardias vigilaban y sonreían.

—Los pasteles de arroz son una tradición del festival —explicó el abuelo de Chang.

Abajo en la rampa, había al menos una decena de botes dragón de más de 40 pies de largo cada uno. De cerca, eran más grandes y majestuosos de lo que los niños hubiesen imaginado. Los equipos también eran mucho más grandes; había más de veinte miembros en cada bote.

—No sabía que habría tanta gente aquí —dijo Chang intrigado.

—Muchas personas de nuestra comunidad quieren participar en esta tradición, Chang, porque la tradición es algo preciado para nosotros —dijo el abuelo sonriendo.

Las tripulaciones comenzaron a prepararse. Cada equipo se agrupaba, cantaba y se adentraba en el espíritu de la carrera.

Parecía que el abuelo deseaba estar allí entre ellos. Le dio unas palmaditas en el hombro a Chang.

—Estar en un bote dragón te enseña lo importante que es trabajar en conjunto. La fortaleza se logra gracias al trabajo en equipo.

Joe señaló a un equipo vestido de azul.

—Conozco a algunos de esos hombres —dijo. Muchos son de nuestro vecindario.

—Sí —dijo Chang—. Allí está Michael Yee, su hermano está en nuestra clase.

Capítulo 4

¡Largaron!

El abuelo de Chang y los dos niños encontraron un buen lugar para ver la carrera. Chang sintió un cosquilleo de emoción.

—Espero que gane el equipo azul —dijo.

—Yo también —contestó Joe.

El público y los equipos quedaron en silencio, había un aire de expectativa mientras todos esperaban que empiece la carrera. Los remeros miraban hacia el frente, listos con los remos en alto. Los tamborileros estaban sentados en la parte delantera de los botes, cada uno con un tambor grande entre las piernas.

—Los tamborileros son el corazón del bote —susurró el abuelo—. Su ritmo ayuda a los remeros a mantenerse sincronizados y el tamborileo es emocionante. Aumenta tu coraje. Cuando lo oyes, ¡quieres remar con más fuerza!

Detective del lenguaje	¿Cuál es el predicado de la oración subrayada? ¿Cómo lo sabes?

Los tamborileros alzaron sus palos expectantes, listos para golpear. Entonces, sonó una bocina estridente y largaron; los brazos empujaban con fuerza, los remos eran una mancha de color y los tambores producían un ruido sordo. El agua de alrededor formaba una espuma blanca cuando los remos se hundían en la superficie. Poco a poco, el pelotón comenzó a separarse y tres botes tomaron la delantera. La multitud rugía.

—¡Allí está el equipo azul! —gritó Joe.

—¡Vamos, azul! —exclamó Chang mientras saltaba en su asiento—. ¡Están todos muy cerca!

Dos botes estaban en la delantera cabeza a cabeza, como caballos de carrera por cruzar la recta final. ¡Uno era el equipo azul! Los remeros estaban esforzándose al máximo.

Muy lentamente, el equipo azul se adelantaba al otro bote. Chang, su abuelo y Joe alentaban. Luego, por fin, los botes cruzaron la línea de llegada. El equipo azul levantó los remos en el aire.

—¿Qué piensan de su primera carrera de botes dragón? —dijo el abuelo mientras el vitoreo y los aplausos se calmaban—. ¿Quieren volver el próximo año?

—Por supuesto —dijo Joe.

—Yo también —asintió Chang—. Solo estaba pensando, abuelo… ¿hay alguna posibilidad de que podamos subir a uno de esos botes?

—Bueno, vamos a hablar con ellos —dijo el abuelo con una carcajada—. Tal vez en unos años, tú y Joe pueden unirse a un equipo ¡y participar en las carreras!

Respuesta a la lectura

Resumir

Usa detalles de *Dragones en el agua* para resumir lo que sucede en el cuento. Usa tu organizador gráfico como ayuda

Personaje

Ambiente

Principio

↓

Desarrollo

↓

Final

Evidencia en el texto

1. ¿Cómo sabes que este cuento es ficción realista? ¿Qué partes son probablemente verdaderas y cuáles son inventadas? **GÉNERO**

2. ¿Qué sucede al principio del cuento cuando Joe habla con el abuelo de Chang? **SECUENCIA**

3. ¿Qué significa *fascinado* en la página 6? Usa las claves en las oraciones para averiguarlo. **CLAVES DE CONTEXTO**

4. Escribe sobre la secuencia de sucesos que hacen que Chang cambie de opinión acerca de las carreras de botes dragón. **ESCRIBIR SOBRE LA LECTURA**

Género Texto expositivo

Compara los textos

Lee sobre la tradición de las carreras de botes dragón.

UNA ANTIGUA TRADICIÓN

La tradición de las carreras de botes dragón comenzó en China hace casi 2,000 años. Con estas carreras, se festejaba la siembra de arroz en verano.

En la actualidad, se corren estas carreras en muchos países del mundo.

En China, el dragón es un símbolo importante de fuerza y poder.

Los botes dragón tienen cabeza y cola muy coloridas. El dragón está formado por partes de otros animales. Es un símbolo importante en la tradición China. Puede tener cabeza de camello, cuernos de ciervo, garras de águila y escamas de pez.

Antes de la carrera, hay que "despertar" al bote dragón, es decir, prepararlo para correr. Se hace una ceremonia especial. Los ojos del dragón se pintan con un punto.

Se dice que el dragón se despierta cuando se le pintan los ojos.

La tripulación del bote dragón trabaja en equipo para la carrera. Cada bote tiene unos 20 remeros. Se sientan uno al lado del otro en filas de dos. También hay alguien en la parte de atrás que se ocupa de dirigir el bote. Al frente va un encargado de marcar el ritmo de los remos con un tambor.

Las carreras de botes dragón son un deporte que está creciendo con rapidez.

En todo el mundo se realizan carreras de botes dragón.

Haz conexiones

¿Qué aprendiste sobre la cultura china al leer acerca de los botes dragón? **PREGUNTA ESENCIAL**

¿Cómo te ayuda "Una antigua tradición" a comprender mejor *Dragones en el agua*? **EL TEXTO Y OTROS TEXTOS**

Enfoque:

Estudios Sociales

Propósito Comprender cuál es el papel de las tradiciones en una cultura.

Procedimiento

Paso 1 Busca información sobre un deporte o una actividad que sean propios de una cultura, como el yudo de Japón, el *lacrosse* de las tribus de indígenas americanos o el yoga de la India.

Paso 2 Averigua qué nos dice esa actividad sobre la cultura a la que pertenece.

Paso 3 Escribe una descripción de la actividad e incluye las instrucciones para practicarla. Respalda la descripción con ilustraciones. No olvides explicar lo que enseña la actividad sobre esa cultura.

Paso 4 Presenta tu descripción a la clase. Si es posible, haz una demostración. También puedes enseñar cómo se practica ese deporte o actividad.